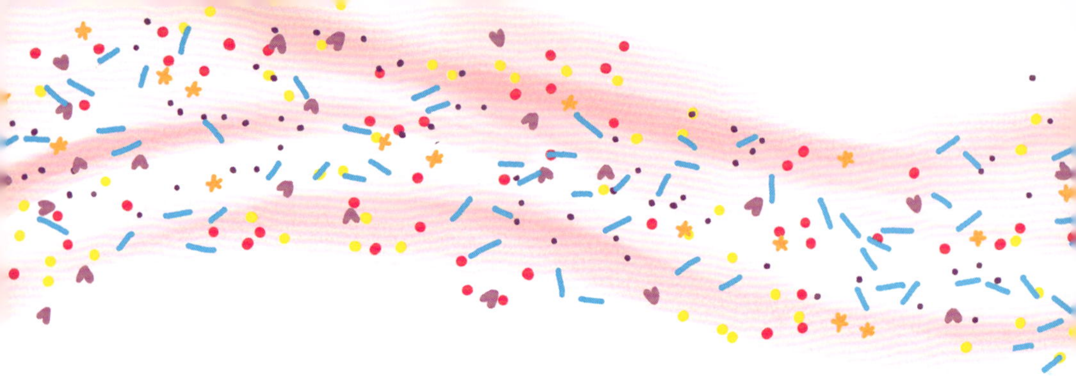

Sandra Grimm

Mimi
Zuckerperle
und die
Zauberbäckerei

Möchtest du auch in die Hexenschule?
Dann mach mit bei Mimis magischen Hex-Aufgaben!
Halte Ausschau nach diesem Keks – und los geht's!

Sandra Grimm

Mimi Zuckerperle und die Zauberbäckerei

Die magische Törtchen-Explosion

Mit Bildern von Laura Bednarski

Ein Verlag in der Westermann Gruppe

FSC MIX
Papier | Fördert gute Waldnutzung
FSC® C110508
www.fsc.org

3. Auflage 2025
© 2023 Arena Verlag GmbH,
Rottendorfer Straße 16, 97074 Würzburg
arena-service@westermanngruppe.de
Alle Rechte vorbehalten.
Der Verlag behält sich eine Nutzung des Werkes für
Text und Data Mining im Sinne von § 44b UrhG vor.
Text: Sandra Grimm
Illustrationen: Laura Bednarski
Lektorat: Christine Denk
Umschlaggestaltung: Antonia Hartmannshenn, unter Verwendung
von Illustrationen von © Laura Bednarski
Gesamtherstellung: Westermann Druck Zwickau GmbH
Gedruckt in Deutschland
ISBN 978-3-401-71835-4

Besuche den Arena Verlag im Netz:
www.arena-verlag.de

Inhalt

Das wird Mimi-magisch!

WUSCH!

Wie ein Zauberfunke zischt Mimi Zuckerperle auf ihrem Hexenbesen durch den dichten Wald. Steil fliegt sie die große Tanne hinauf und springt über die Spitze – oje, das war knapp! Dann saust sie im Sturzflug wieder zu den Fliegenpilzen hinab. **HOPPLA,** jetzt hängt sie nur noch mit den Händen am Besen. Sie hangelt sich wieder hoch und macht einen Salto. **UPS!,** nun fliegt sie kopfüber … doch halt! Was war das?
Hexe Mimi fliegt ein Stück rückwärts. Da hängt ein Plakat an der Fichte!

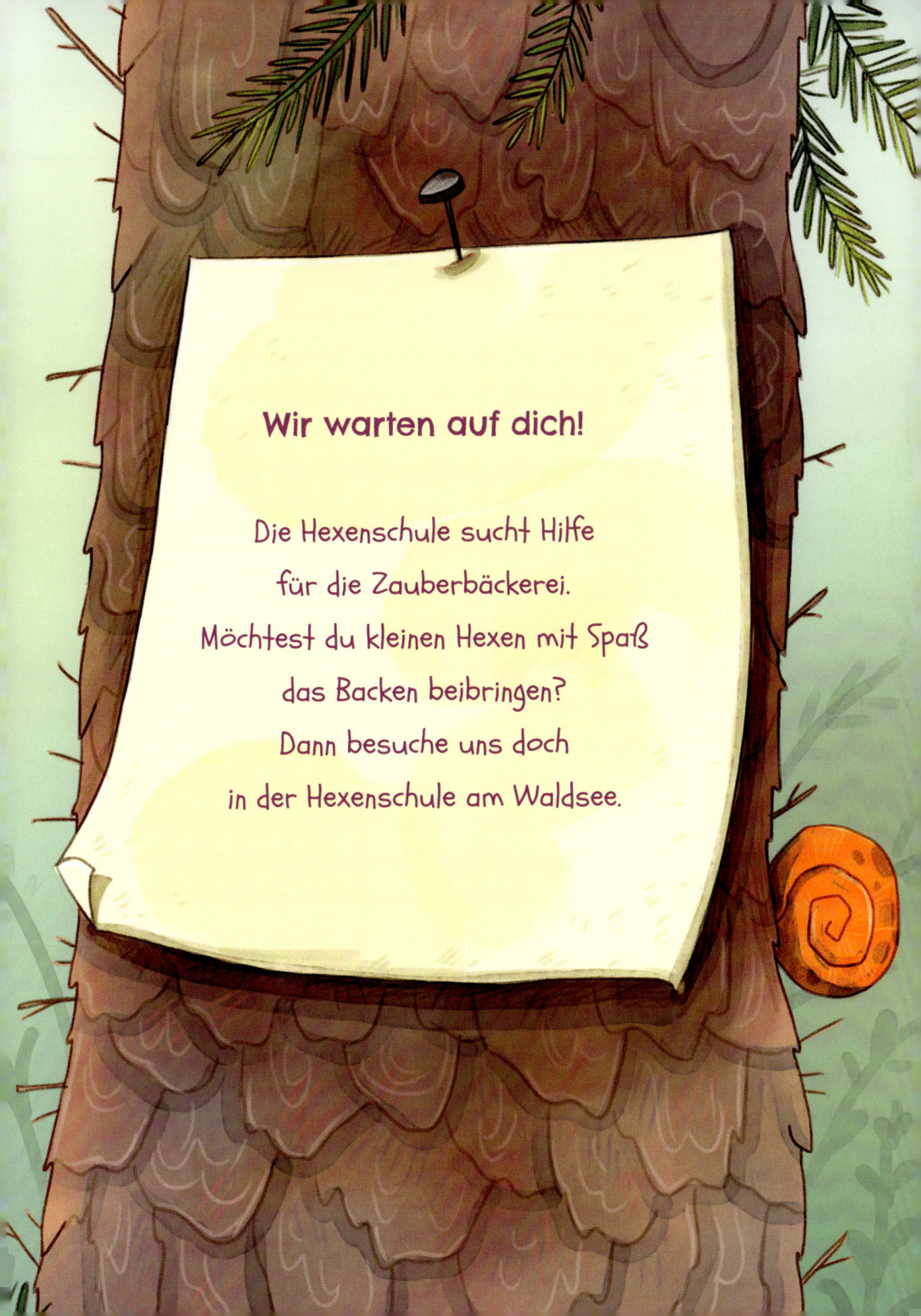

Wir warten auf dich!

Die Hexenschule sucht Hilfe
für die Zauberbäckerei.
Möchtest du kleinen Hexen mit Spaß
das Backen beibringen?
Dann besuche uns doch
in der Hexenschule am Waldsee.

Hexe Mimi verrenkt sich fast den Hals. Sie sitzt ja noch kopfüber auf ihrem Besen! Sie dreht sich um und liest das Plakat noch einmal. Dann jubelt sie: „Hui, das ist fabelhaft! Ich war schon Bäckerin am Südpol und Forscherin für Vulkanbäckerei, aber Lehrerin war ich noch nie. Das wird Mimi-magisch!"

Mimi macht einen Salto, dann saust sie nach Hause. Das muss sie sofort Nüssli erzählen!

Das kleine Eichhörnchen wartet schon vorm Kamin auf Mimi.

„Da bist du endlich!", ruft es aufgeregt. „Ich habe Nüsse für uns geröstet. Probier mal!" Nüssli wirft Mimi eine Haselnuss zu, die sie geschickt mit dem Mund fängt.

„Mmh, die sind lecker", findet Mimi. Dann erzählt sie Nüssli von dem Plakat.

„Lehrerin? Du?" Nüssli schüttelt den Kopf. „Du kannst prima backen, aber meistens geht etwas schief. Mal bist du zu traurig, dann sehr glücklich, dann verträumt … und dein Gebäck schnappt über."

„Den Backwettbewerb in Grönland habe ich gewonnen!", ruft Mimi stolz.

Nüssli kichert. „Stimmt. Aber eigentlich sollten deine Muffins gar nicht gelb leuchten und zittern wie Wackelpudding, oder? Das lag daran, dass du so aufgeregt warst."

Mimi sieht ihn neugierig an. „Sie haben dir doch geschmeckt?"

Das kleine Eichhörnchen nickt.

„Es war schlau von dir, sie Sternenlicht-Muffins zu nennen."

Es legt den Kopf schief. „Vielleicht wärst du doch eine gute Lehrerin. Die Kinder können eine Menge von dir lernen."

„Abgemacht!" Mimi klatscht begeistert in die Hände. „Ich werde Hexenlehrerin. Juchhu!"

Kurz darauf landet Mimi begeistert vor der Hexenschule, die mitten im Knarzenden Wald liegt. Mit moosbedeckten Türmen und Fliegenpilzen auf den Dächern versteckt sie sich zwischen den hohen alten Bäumen. Neugierig geht Mimi hinein.

„Oh, das ist ja zauberhaft", murmelt sie. Die Wände sind mit bunten Blumen bepflanzt, die ihr freundlich zunicken. Auf dem Boden wächst kühles Gras, und aus den Klassenräumen erklingt fröhliches Geplapper.

14

Plötzlich flattert ein glitzerndes Rotkehlchen vor
ihre Nase und zwitschert: „Folge mir!"
„Gern", sagt Mimi.
Das Rotkehlchen führt sie in das Büro der
Direktorin, die sie höflich begrüßt.
„Guten Morgen, ich bin Clara Kadabra,
Direktorin der Hexenschule."

Neben Kadabra steht eine große Hexe, die Mimi böse anschaut. „Was willst *du* hier?"

Mimi lächelt ihr zu. „Oh hallo, Furunkel. Möchtest du auch Lehrerin werden?"

„Ihr kennt euch?", fragt Oberhexe Kadabra.

„Ja, wir waren vor drei Wochen zusammen bei einem Backwettbewerb in Grönland", erklärt Mimi.

„Zusammen? Wohl kaum", faucht Furunkel sie an. „Du hast dort vielleicht den Wettbewerb gewonnen. Aber hier werde *ich* Lehrerin." Sie dreht sich zur Oberhexe. „Wo soll ich anfangen?"

Kadabra sieht beide Hexen bedauernd an. „Ich freue mich, dass ihr bei uns unterrichten möchtet. Leider brauchen wir nur eine Lehrerin." Sie klatscht in die Hände. Die Tür wird geöffnet und eine Gruppe zappeliger Kinder schiebt sich herein.

„Das sind unsere Hexenwichte", erklärt Kadabra.
„Einige Kinder werden mit euch üben. In drei
Tagen führen sie uns vor, was sie gelernt haben.
Dann entscheiden wir, wer besser zu unserer
Schule passt. Seid ihr einverstanden?"
Natürlich ist Mimi einverstanden. Sie darf sofort
mit den Hexenkindern losbacken? Das ist ja
fantastisch!
„Muss man nicht eine Prüfung bestehen, bevor
man diese Schule besuchen darf?", fragt
Furunkel hinterhältig. „Ich war hier früher
Schülerin, ich habe sie schon bestanden."
Kadabra nickt. „Ja, aber das ist sicher kein
Problem. Hier, Mimi, das sind die Aufgaben."
Sie deutet auf ein goldgerahmtes Bild an der
Wand:

Mach mit!

Prüfung für die Hexenschule

Die Hexenschule darf besuchen, wer:

- über einen Meter groß und unter einem Meter breit ist
- mindestens einen Leberfleck oder eine kleine Warze hat
- sich mit der rechten Hand auf die linke Schulter klopfen kann
- sich mit der linken Hand am rechten kleinen Zeh kratzen kann
- drei Hexen-Zungenbrecher–Zaubersprüche fehlerlos aufsagen kann
- einen Hexennamen hat

Mimi freut sich: Sie ist genau richtig groß und hat eine Warze am linken Knöchel. Auch die Bewegungen schafft sie hexenleicht. Plötzlich stutzt sie: „Ich kenne keine Zungenbrecher-Zaubersprüche. Und warum brauche ich einen Hexennamen? Ich heiße doch Mimi Zuckerperle."

Die Kinder kichern. Die Oberhexe zieht die Stirn in Falten. „Hm", sagt sie. „Nun gut, das werden die Kinder dir erklären. Du kannst den Rest der Prüfung in drei Tagen ablegen, bevor die Kinder hier backen."

Mimi nickt langsam. Nur drei Tage. Hoffentlich schafft sie das!

Sie verabredet sich mit den Hexenkindern für den nächsten Morgen in ihrer Waldküche. Furunkel wirft Mimi einen bösen Blick zu, bevor sie geht. Hexe Mimi winkt lächelnd zurück. Was für eine morgenmuffelige Hexe. Da ist sie aber froh, dass sie immer so Mimi-magisch gute Laune hat!

Mit zu viel **Hicks** wird das nix!

Die Sonne ist kaum aufgegangen, als Mimi am
nächsten Morgen über ihre Waldküche fliegt. Hin
und her saust sie, zaubert hier noch eine Schürze
und dort noch eine Schüssel.

„Mimi, jetzt komm mal runter!", ruft Nüssli. „Du
bist viel zu aufgeregt."

„Es soll alles schön sein für die Kinder", sagt
Mimi. Doch sie landet brav neben ihrem
Eichhörnchen und stellt den Besen an den
Baum.

„Es ist wunderschön", findet Nüssli. „Deine kleine
Waldküche hat alles, was Backhexen brauchen.
Entspanne dich, Mimi." Er sieht sie mahnend an.

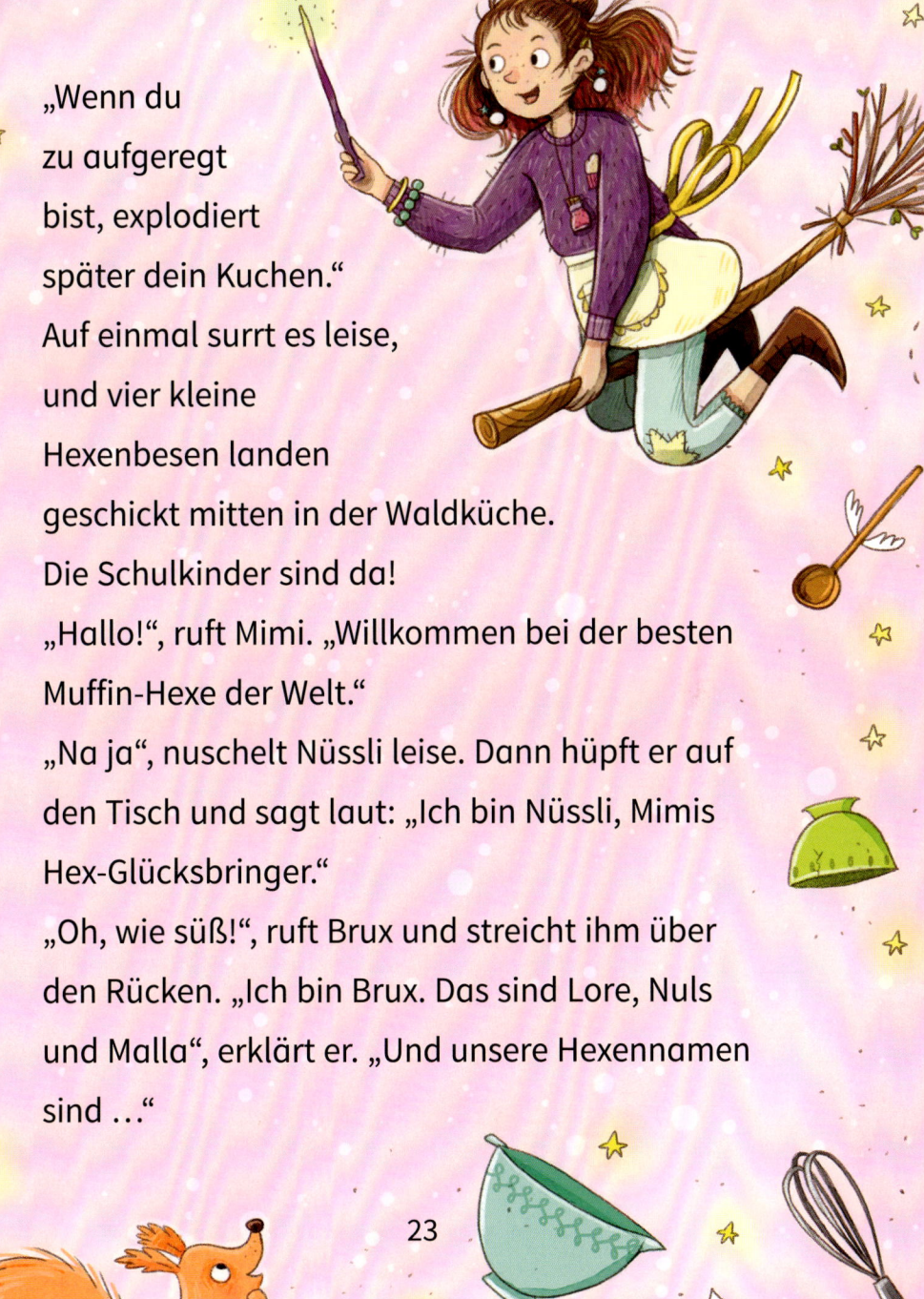

„Wenn du
zu aufgeregt
bist, explodiert
später dein Kuchen."
Auf einmal surrt es leise,
und vier kleine
Hexenbesen landen
geschickt mitten in der Waldküche.
Die Schulkinder sind da!
„Hallo!", ruft Mimi. „Willkommen bei der besten
Muffin-Hexe der Welt."
„Na ja", nuschelt Nüssli leise. Dann hüpft er auf
den Tisch und sagt laut: „Ich bin Nüssli, Mimis
Hex-Glücksbringer."
„Oh, wie süß!", ruft Brux und streicht ihm über
den Rücken. „Ich bin Brux. Das sind Lore, Nuls
und Malla", erklärt er. „Und unsere Hexennamen
sind …"

23

Brux: Tänz**e**rb**lit**z   **Lo**re**: Sing**flä**mm**chen

Malla: Silberring   **Nuls: Moosling**

Mimi zieht die Nase kraus. „Ach, du lieber Hexenbesen, einen Namen brauche ich ja auch noch. Eure Namen klingen so schön, wie habt ihr sie gefunden?"

„Das ist ganz einfach", versichert Malla. Sie zieht einen Zettel aus der Tasche:

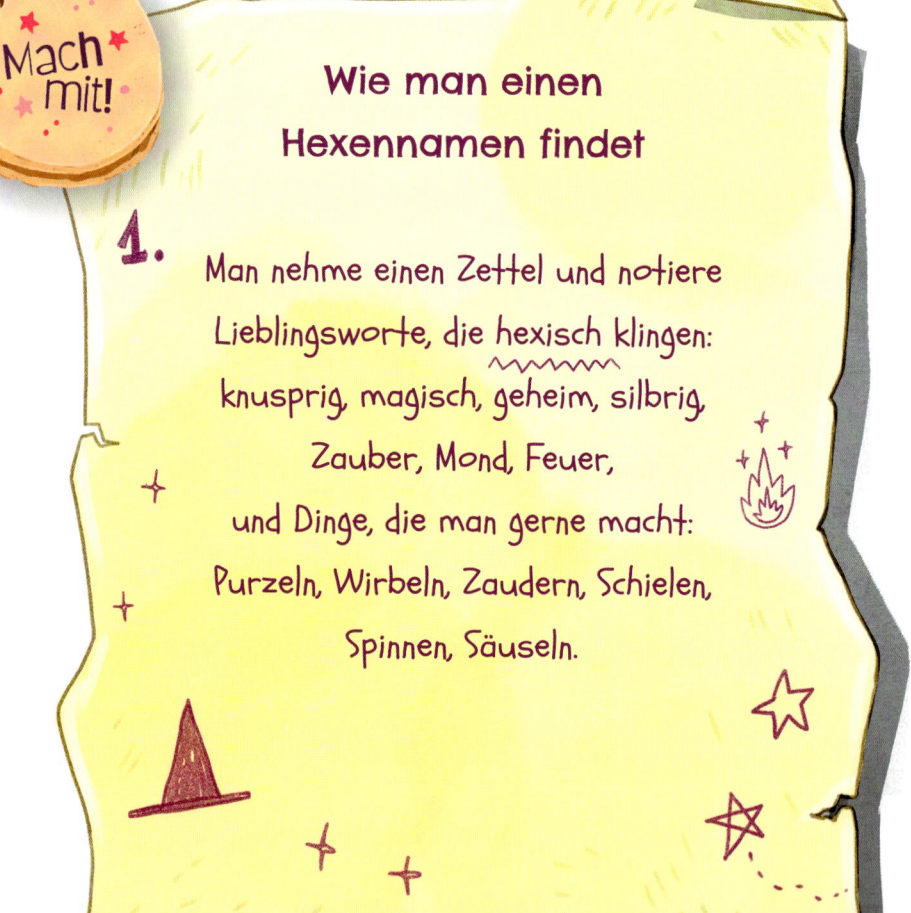

Mach mit!

Wie man einen Hexennamen findet

1. Man nehme einen Zettel und notiere Lieblingsworte, die hexisch klingen: knusprig, magisch, geheim, silbrig, Zauber, Mond, Feuer, und Dinge, die man gerne macht: Purzeln, Wirbeln, Zaudern, Schielen, Spinnen, Säuseln.

2.

Man mische die Worte kräftig und mixe,
wo es nur geht.
Die schönsten Ergebnisse notiert man
auf einem besonderen Blatt:
Purzella, Wirbelmagierin, Knuspinne.

3.

Nun wirft der oder die angehende
Hexe(r) einen Knochen.
Der Name, auf den er fällt, ist der
neue Hexenname.
Herzlichen Hex-Wunsch!

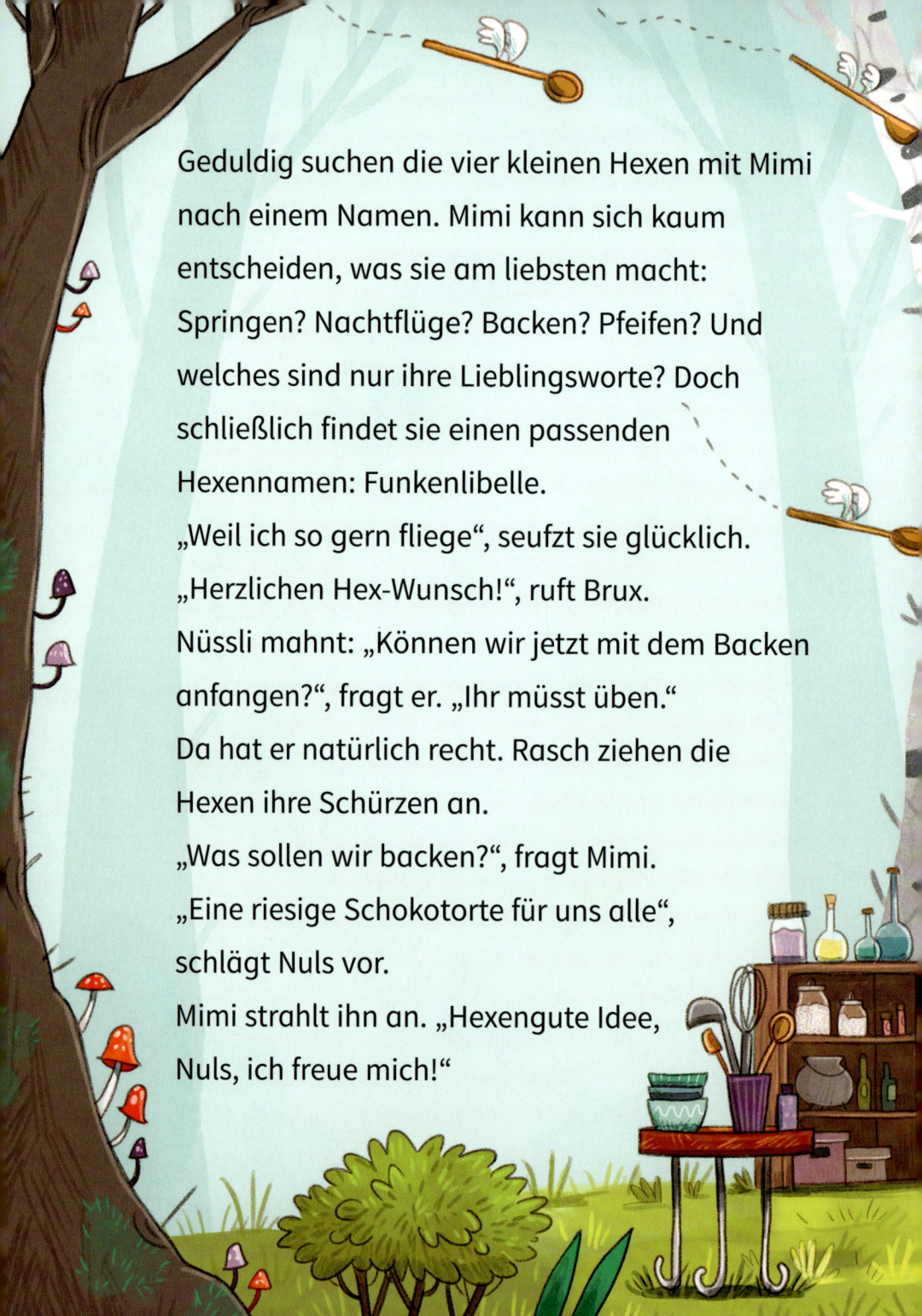

Geduldig suchen die vier kleinen Hexen mit Mimi nach einem Namen. Mimi kann sich kaum entscheiden, was sie am liebsten macht: Springen? Nachtflüge? Backen? Pfeifen? Und welches sind nur ihre Lieblingsworte? Doch schließlich findet sie einen passenden Hexennamen: Funkenlibelle.

„Weil ich so gern fliege", seufzt sie glücklich.

„Herzlichen Hex-Wunsch!", ruft Brux.

Nüssli mahnt: „Können wir jetzt mit dem Backen anfangen?", fragt er. „Ihr müsst üben."

Da hat er natürlich recht. Rasch ziehen die Hexen ihre Schürzen an.

„Was sollen wir backen?", fragt Mimi.

„Eine riesige Schokotorte für uns alle", schlägt Nuls vor.

Mimi strahlt ihn an. „Hexengute Idee, Nuls, ich freue mich!"

„Ja, viel zu sehr", murmelt Nüssli.

Mimi wirbelt los.

Im Nu hexen sie gemeinsam die Zutaten in den Kessel. Dann bringen sie den Teig mit ihren Zauberstäben dazu, sich selbst zu rühren. Alle sind gespannt und kichern aufgeregt.

Nüssli stehen die Fellhaare zu Berge. „Mimi, du bist so zappelig, da geht bestimmt gleich etwas schief", wispert er.

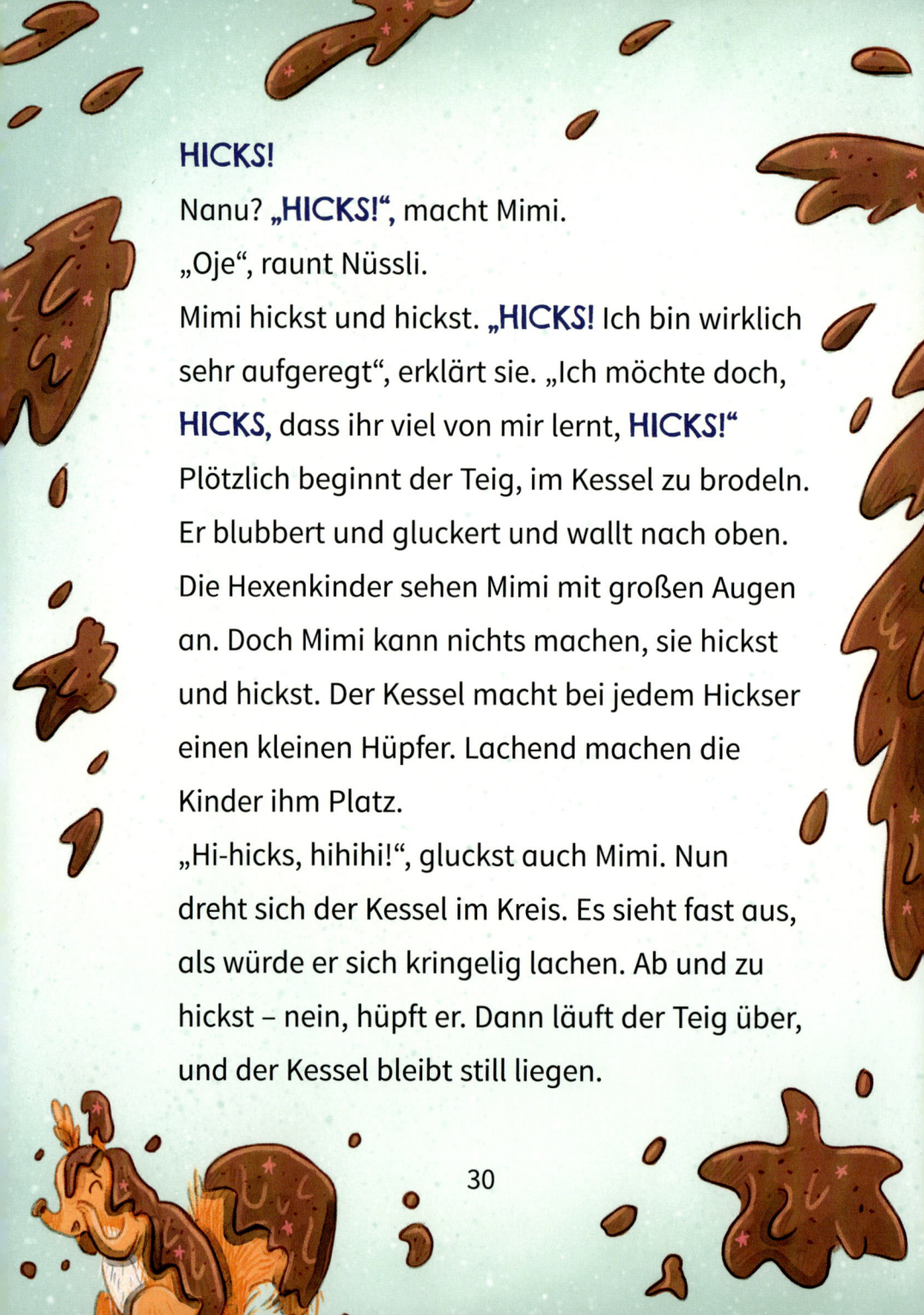

HICKS!

Nanu? „**HICKS!**", macht Mimi.

„Oje", raunt Nüssli.

Mimi hickst und hickst. „**HICKS!** Ich bin wirklich sehr aufgeregt", erklärt sie. „Ich möchte doch, **HICKS,** dass ihr viel von mir lernt, **HICKS!**"

Plötzlich beginnt der Teig, im Kessel zu brodeln. Er blubbert und gluckert und wallt nach oben. Die Hexenkinder sehen Mimi mit großen Augen an. Doch Mimi kann nichts machen, sie hickst und hickst. Der Kessel macht bei jedem Hickser einen kleinen Hüpfer. Lachend machen die Kinder ihm Platz.

„Hi-hicks, hihihi!", gluckst auch Mimi. Nun dreht sich der Kessel im Kreis. Es sieht fast aus, als würde er sich kringelig lachen. Ab und zu hickst – nein, hüpft er. Dann läuft der Teig über, und der Kessel bleibt still liegen.

Mimi atmet tief durch. Ihr Schluckauf ist verschwunden.

„Tut mir leid, Kinder", sagt sie. „Ich backe mit viel Gefühl. Und leider stecke ich mein Gebäck damit an. Weil ich so aufgeregt war, ist auch der Teig übergesprudelt."

Das macht nichts. Die fünf Hexen räumen das klebrige Chaos mit ein paar Zaubersprüchen geschwind auf. Doch gerade als sie wieder anfangen wollen zu backen, beginnt es zu regnen! Dicke Tropfen, groß wie Haselnüsse, plumpsen auf die Hexenköpfe. Noch bevor Mimi einen Schirm zaubern kann, sind alle pitschnass. Dann hört es auch schon wieder auf.

„Was war das denn?", ruft Malla verwundert.

„Ich weiß es!", ruft Nüssli und schüttelt sich die Tropfen aus dem Fell. „Ich habe vorhin Furunkel an unserer Waldküche vorbeifliegen sehen. Bestimmt hat sie den Regen gehext, um euch beim Üben zu stören. Sie ist eifersüchtig auf dich, Mimi."

Mimi schüttelt den Kopf. „Nein, das glaube ich nicht. Es war einfach ein kleiner Schauer. Wartet, ich hexe uns alle trocken." Rasch zaubert sie einen großen Fön in die Luft.

Nüssli schaut sie besorgt an. Er ist sicher, dass Furunkel etwas damit zu tun hatte. Doch dann

dreht auch er seine Schnute zu dem großen Fön,
der sie herrlich warm pustet.

„Backen wir noch weiter?", fragt Nuls zaghaft.

„Nein", sagt Mimi. „Für heute ist es genug. Aber
ein paar Zungenbrecher könnt ihr mir noch
verraten."

Das machen die Hexenkinder gern! Lore hat ein
kleines Heft dabei, in dem viele Zaubersprüche
stehen, bei denen sich die Zunge kräftig
verdreht:

Zungenbrecher-Zaubersprüche

Das Gemüse soll sich selbst
in den Topf schnippeln?
Zacken-Zurzel-Zauberwurzeln,
elf-und-elfzig-elfenalt,
prasseln prickel-polter-purzelnd
in den Topf in Tropfgestalt.

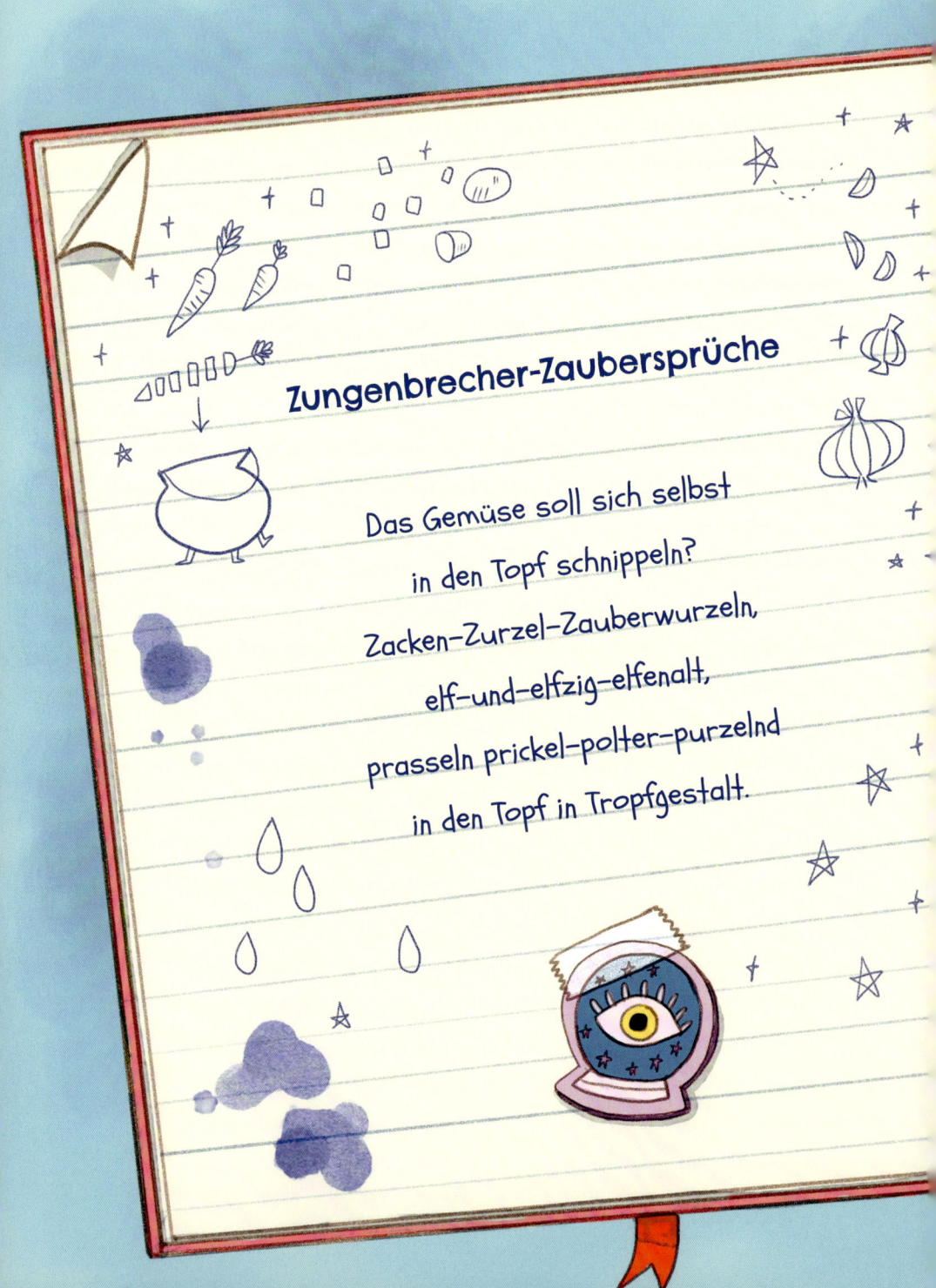

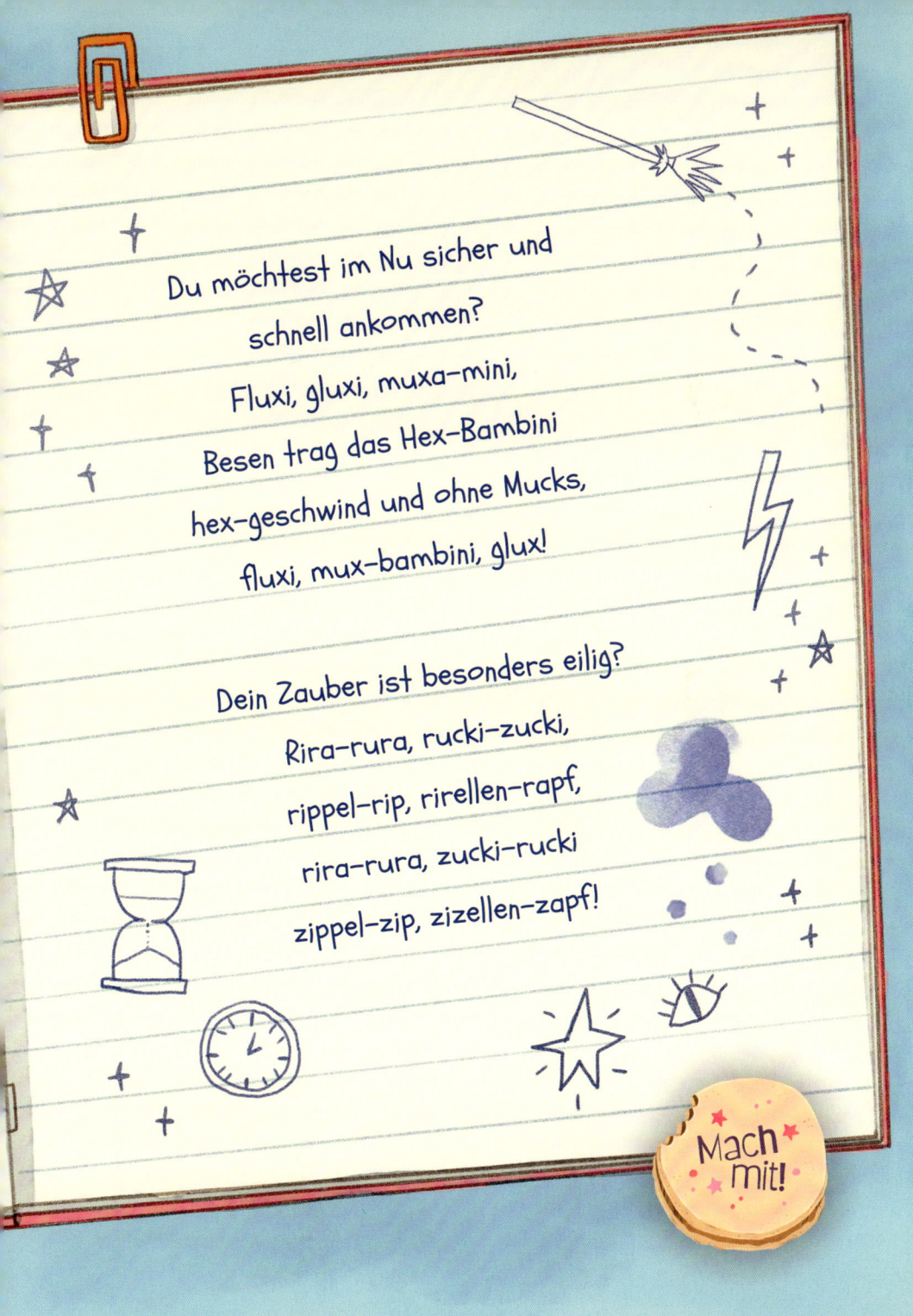

Du möchtest im Nu sicher und
schnell ankommen?
Fluxi, gluxi, muxa-mini,
Besen trag das Hex-Bambini
hex-geschwind und ohne Mucks,
fluxi, mux-bambini, glux!

Dein Zauber ist besonders eilig?
Rira-rura, rucki-zucki,
rippel-rip, rirellen-rapf,
rira-rura, zucki-rucki
zippel-zip, zizellen-zapf!

Mach
mit!

Mimi und die Kinder haben so viel Spaß beim Üben, dass sie die Zeit vergessen. Es dämmert schon, als Mimi die kleinen Hexen nach Hause schickt. „Tschüss!", ruft sie ihnen nach. „Habt eine hexengute Nacht!"

Hexenköpfe einziehen!

„Einen Mimi-magischen Morgen!" Fröhlich begrüßt Mimi die kleinen Hexen am nächsten Tag. „Heute machen wir saure Hexenküsse. Zuerst backen wir Kekse für den Boden. Später geben wir Zitronenschaum darauf, und am Schluss gießen wir Schokolade darüber."

„Mmh!" Nüssli liebt saure Hexenküsse. „Beeilt euch!", ruft er.

Die Kinder lachen. Fröhlich machen sie sich ans Werk. Heute hat Mimi für jeden eine eigene Schüssel. Falls ihr Teig explodiert, können die Kinder immer noch weiterbacken.

„Warum hexen wir nicht einfach fertige Schaumküsse?", fragt Lore.

„Selbst gehext schmeckt besser!", erklärt Nüssli wichtig.

„Du musst es wissen, du bist das größte Leckermäulchen", meint Mimi.

Beleidigt zieht Nüssli eine Schnute.

Als die Hexen ihre Teige umrühren, ertönt aus dem Wald plötzlich ein ohrenbetäubender Knall.

RUMS!

Alle zucken zusammen. Mimi erschrickt so sehr, dass ihr beinahe die Schüssel vom Tisch kippt. Sie kann sie gerade noch festhalten. Doch ihr Herz pocht sehr schnell. „Was war das?", fragt sie. In diesem Moment beginnt ihr Teig zu knistern. **„Ups!",** murmelt Mimi. Der Teig prasselt nun richtig los. Kleine Zuckerkrümel schießen in die Luft.

38

„Kriecht unter die Tische!", ruft Mimi.
Schon explodiert der Teig in ihrer Schüssel. Wie
Silvesterraketen schießen Teigstückchen empor.
Sie stinken auch wie Silvesterknaller, zischen
und qualmen. Nüssli hält sich die Ohren zu.
Als die Schüssel endlich leer ist, wird es wieder
ruhig. Mimi schaut sich kopfschüttelnd um.

39

„Das war der Knall", meint sie. „Der Schreck ist nicht nur in meine Knochen gefahren, sondern auch in den Teig."

Nüssli hüpft neben sie. „Diesmal war es ganz bestimmt Furunkel", sagt er. „Ich habe ihre Katzen gesehen. Sie will dich daran hindern, Lehrerin zu werden!"

Mimi sieht ihn streng an. „Also wirklich, Nüssli. So ein Unsinn."

Nüssli öffnet empört seine kleine Schnauze. Dann schließt er sie wieder und springt beleidigt in den Wald.

„Schade, jetzt ist er weg", sagt Brux traurig.

„Er kommt gewiss wieder", versichert Mimi. „Es tut mir leid, dass mein Teig explodiert ist. Aber wir haben zum Glück noch eure Schüsseln."

Da hat Mimi wirklich gut vorausgedacht. Eilig
stechen sie Plätzchen aus und schieben sie in
den Ofen.

„Nun können wir den Zitronenschaum
zubereiten", meint Mimi. „Vorher machen wir
Hexen-Yoga, um ruhiger zu werden. Mein Herz
schlägt immer noch recht schnell."

Sie setzen sich im Kreis auf den Boden und
schließen die Augen. Mimi murmelt:

Mach mit!

Hexen-Yoga

Atme nun ganz langsam ein,
fühl die Ruhe tief im Bauch.
Atme langsam wieder aus,
und dein Herz entspannt sich auch.
Alles wirbelt um dich her,
du bist ruhig wie noch nie,
fühlst dich leicht und unbeschwert,
das ist Yoga-Hex-Magie.

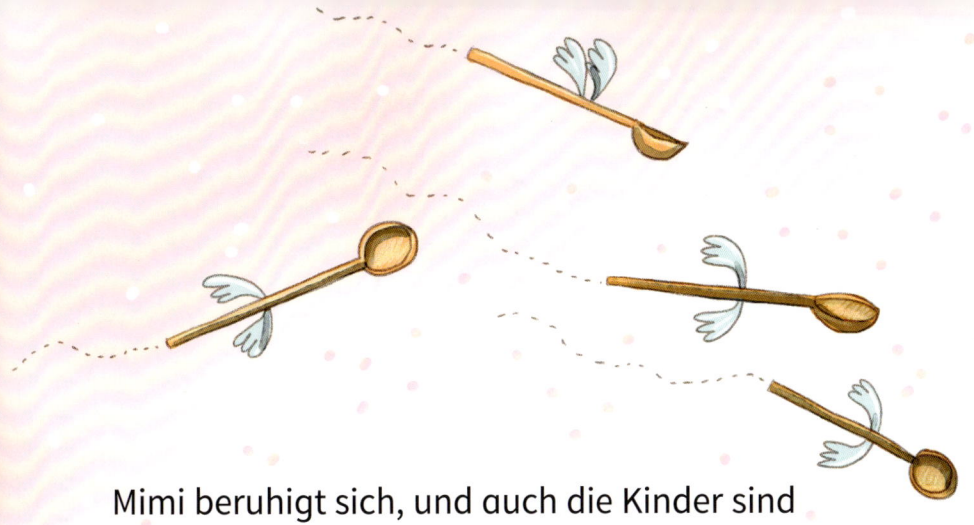

Mimi beruhigt sich, und auch die Kinder sind
völlig entspannt.

Geduldig schlagen sie neue Eier auf, rühren
Zucker ein und arbeiten still vor sich hin.

Plötzlich gluckst etwas.

„Was war das?", fragt Malla.

„Gni-hi-hi", macht Mimi.

„Mimi, nicht lachen", mahnt Malla. „Bleib ruhig."

Mimi nickt und presst tapfer den Mund zu. Dann
flüstert sie: „Aber die Krümel, hihihi, wie die eben
durch die Luft … wie Raketen, haha!"

Und dann platzt es laut aus ihr heraus. Mimi ist nicht zu bremsen. Sie fühlt sich so leicht und glücklich … und da übernimmt ihr Zitronenschaum das herrliche Lachgefühl. Er gluckst erst einmal, dann bläht er sich auf. Er wird größer und größer. Die Hexenkinder schauen beeindruckt nach oben. Wie eine riesige Kaugummiblase dehnt der Schaum sich über der Waldküche aus – und platzt.

PENG!

Gelbe Zitronenflöckchen senken sich seufzend über Schüsseln, den großen Tisch, den Ofen – und die kleinen Hexen.

44

„Igitt", quiekt Brux. „Ich klebe! Eier und Zucker –
das ist ja schlimmer als Superkleber!"
Auch die anderen wischen über ihre Hände und
Haare.
Mimi kratzt sich verlegen an der Nase.
„Entschuldigung", brummt sie.
„Schon gut", findet Nuls und grinst. „Gegen
einen Lachanfall kann man nichts machen."
„War doch lustig", meint auch Brux. Die anderen
nicken.

„Ich glaube nicht, dass ich einen Zauberspruch kenne, der so viel klebriges Zeug weghexen kann", meint Malla. „Verrätst du uns einen?" Mimi überlegt. „Natürlich. Aber es wäre besser, ihr könntet selbst einen erfinden. Dann wisst ihr euch zu helfen, wenn ihr allein in Schwierigkeiten geratet." Sie wird rot. „Also, es könnte ja sein, dass ich mal nicht schuld bin." Und deshalb erklärt sie ihnen, wie sie einen eigenen Spruch erfinden:

Tipps für einen einfachen Zauberspruch

Nimm zwei dieser magischen Worte:

HEXEN-HI, HEXEN-HO, HEXEN-HE, HEXEN-HA

oder HEXEN-HU.

Danach nenne das, was geschehen soll –

denke daran, dass es sich reimen muss!

Magische Worte sind dabei stets hilfreich,

um die Zauberkraft des Spruches zu verstärken:

zaubern, magisch, zauberhaft,

wunderbar, hexisch ...

Mach mit!

Malla murmelt gleich drauflos: „Hexen-ho und hexen-hi, ich wasch mich mit Wunschmagie!"
Im selben Moment verschwinden alle klebrigen Reste von ihren Haaren und Kleidern.
Brux grübelt kurz, dann schwingt auch er seinen Zauberstab und ruft: „Hexen-ho und hexen-hab, magisch löst der Teig sich ab!"
Plumps! Der Zuckerkleister fällt einfach zu Boden.
„Was für ein toller Spruch", lobt Mimi.
„Mimi-magisch!"
Auch den anderen glückt der Zauberspruch.
Erschöpft plumpsen schließlich alle ins Gras.

Rettung für Nüssli

„Ich muss bald nach Hause", jammert Lore.
„Wir haben noch gar nichts fertig, und morgen
ist schon die Prüfung."
„Ja, wir haben nichts richtig zu Ende gebacken",
stöhnt Nuls. „Du bist so nett und lustig, ich hätte
dich gern als Lehrerin. Aber wenn Furunkel
morgen gewinnt …"
Die Kinder sehen Mimi traurig an.
Mimi lächelt aufmunternd. „Ach was, das
schaffen wir. Ich kenne ein Muffin-Rezept, das
immer gelingt. Wartet, ich hexe rasch das
Backbuch her."
Doch nanu! Es gelingt ihr nicht. „Das ist
merkwürdig", findet Mimi. „Dann holen wir es
einfach. Fliegt mir nach!"

49

Sie schwingt sich auf den Besen, und die
kleinen Hexen machen es genauso. Eilig
sausen sie durch den Knarzenden Wald
zu Mimis Baumhaus. Fliegend warten die
Kinder auf ihren Besen, während Mimi auf
der Terrasse absteigt. Oh, die Haustür ist
verschlossen!

„Ich schließe nie ab", sagt Mimi verwundert.
Rasch läuft sie auf dem Balkon um das Haus
herum. „Es ist alles zu", erklärt sie.

„Seht nur, da ist Nüssli!", ruft Lore.
Das kleine Eichhörnchen steht hinter einem
Fenster und winkt ihnen hektisch zu. Es ruft auch
irgendetwas, aber das Haus verschluckt die
Worte.

„Das ist mir noch nie passiert", murmelt Mimi.
„Was machen wir nun? Ich kann Nüssli nicht
allein dadrin lassen."

Besorgt nickt Mimi ihrem kleinen
Hex-Glücksbringer zu. „Wir müssen nachdenken",
sagt sie. „Fällt euch etwas ein, liebe Kinder?"
„Hexe einen Schlüssel", meint Nuls.
Mimi hext sieben Schlüssel, doch keiner öffnet
die Tür.
„Nimm einen Öffne-dich-Spruch", sagt Malla.

Mimi probiert drei Sprüche aus, doch die Tür
bleibt zu.

„Jag das Schloss in die Luft", schlägt Brux vor.
Mimi versucht tatsächlich, das Schloss mit
Blitzen und Knallen zu zerstören, aber die Tür
gibt nicht nach. „Es ist wie verhext", sagt sie. „Als
ob das Haus mich nicht reinlassen will." Sie fliegt
hinunter zum Waldboden und steigt vom Besen.
„Kommt!", ruft sie. „Wir müssen uns mal locker
machen, damit die Ideen besser sprudeln."
Die Kinder landen ebenfalls und stellen sich im
Kreis um Mimi herum.
„Bitte schön laut mitrufen", sagt Mimi.
Kurz darauf schallt es quer durch den Wald:

Mach mit!

Wackle mit dem Kopf!

Hix, hex, hux und hahaha,

Hexen sind zum Hexen da!

Drehe
Arme und Hände!

Wackle mit dem Po!

Alle **Hex**en sind **be**reit,
jetzt ist Hex-Ideen-Zeit!

4x

Klatsche in die Hände!

Die Hexen zappeln und wackeln, klatschen und stampfen. Und bevor sie das vierte Mal in die Hände geklatscht haben, ruft Mimi: „Jetzt weiß ich es! Wir müssen das Haus freundlich stimmen. Wir verwöhnen es, dann macht es uns sicher die Tür auf." Sie lächelt verschmitzt. „Ich weiß genau, dass das Haus meine blauen Wolken-Muffins liebt. Jedes Mal, wenn ich sie backe, seufzt und knarzt es glücklich. Und wenn ich die Muffins aus dem Ofen hole, sind immer einige verschwunden. Ich bin mir sicher, dass das Haus sie mopst."

„Also backen wir Wolken-Muffins?", fragt Brux.

„Ja", nickt Mimi. „Zum Glück kenne ich das Rezept auswendig. Doch wir müssen zuerst die Waldküche sauber hexen, das dauert ein bisschen. Dann brauchen wir Wolkenbäusche. Es ist nicht leicht, die zu zupfen. Und wir müssen neue Eier holen. So spätabends hexe ich den Hühnern ungern ihre Eier unterm Po weg. Sonst erschrecken sie sich noch. Puh, das wird alles sehr lange dauern, armer Nüssli!" Sie seufzt.

Plötzlich schiebt Lore sich mutig vor: „Ich wohne in der Nähe. Meine Mama hat bestimmt noch Eier. Unsere Küche ist groß genug. Nur Wolkenbäusche haben wir vielleicht nicht."

Mimi strahlt. „Die müssen sowieso ganz frisch sein. Also, ihr fliegt zu Lore, und ich hole schnell einige Bäusche. Dann komme ich nach. Danke, Lore!"

„Ich hexe dir Licht über unser Haus, dann findest du es", sagt Lore.

Schon stieben die Hexen auseinander.

Es dauert nur fünfundzwanzig erleichterte Hexen-Seufzer, dann stehen sie gemeinsam in Lores Küche. Lores Mama hat schon alles bereitgestellt.

Mimi erklärt den Kindern, was zu tun ist. Obwohl sie sich Sorgen um Nüssli macht, bleibt sie ganz ruhig. Und diesmal gelingt es. Der Teig ist glatt und still, als sie ihn gemeinsam in die Muffin-Form gießen. Er geht brav im Ofen auf und hat nur ein paar Sorgenfalten auf der knusprig-braunen Oberfläche.

Alle atmen erleichtert auf, als Mimi die Muffins herausholt und daran schnuppert.

„Sie sind perfekt", flüstert sie. „Schnell noch blauen Zuckerguss darüber und ab zum Baumhaus!"

Manchmal braucht man Muffin-Glück ...

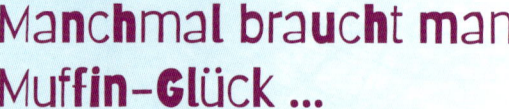

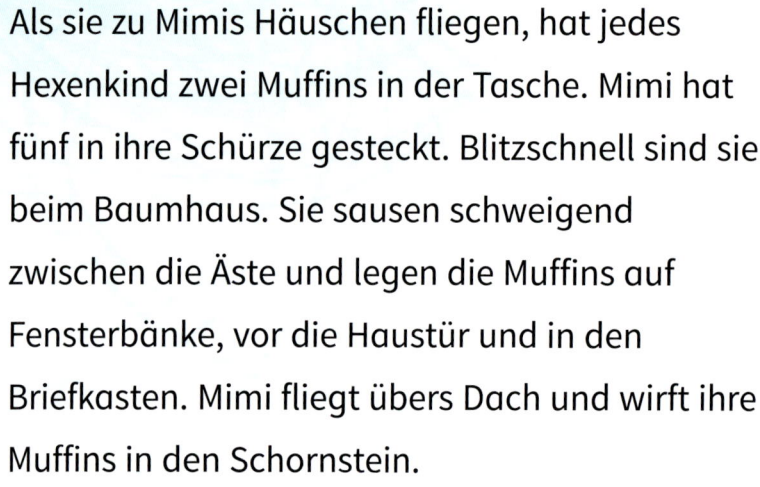

Als sie zu Mimis Häuschen fliegen, hat jedes Hexenkind zwei Muffins in der Tasche. Mimi hat fünf in ihre Schürze gesteckt. Blitzschnell sind sie beim Baumhaus. Sie sausen schweigend zwischen die Äste und legen die Muffins auf Fensterbänke, vor die Haustür und in den Briefkasten. Mimi fliegt übers Dach und wirft ihre Muffins in den Schornstein.

Sie treffen sich vor der Haustür wieder und sehen sich gespannt an. Ob sie das Haus milde gestimmt haben?

60

Ein leises Knarzen
zieht durch das Holz.
Die Balken knarren
und schließlich
ertönt ein tiefes
Seufzen: „Mmmh!"
Mit einem Schnarren öffnet sich die Haustür.
„Es hat geklappt!", jubelt Mimi. „Danke, liebes
Häuschen!" Sie springt vom Besen und drückt
einen Kuss auf das Holz der Tür.
Auch die Kinder landen und treten hinter Mimi in
die kleine Hexenstube.

Nüssli hüpft ihnen entgegen und kuschelt sich in Mimis Arme. „Da seid ihr ja endlich!", ruft er. „Es war Furunkel, ich schwöre es. Ich habe sie gesehen, Mimi!" Aufgeregt fuchtelt er mit den Pfoten. „Sie ist dreimal ums Haus geflogen und hat die ganze Zeit vor sich hin gemurmelt. Sie hat das Haus verhext!"

Mimi drückt Nüssli tröstend an sich. „Ich glaube dir, Nüssli. Es tut mir leid, dass du allein hier eingesperrt warst, du Armer!"

Nüssli beruhigt sich. Erleichtert schmiegt er sich an Mimi.

„Das müssen wir morgen Oberhexe Kadabra erzählen", sagt Malla entschlossen. „Das war fies. Bestimmt hat Furunkel gedacht, dass du schon zu Hause bist."

„Genau, sie wollte dich einsperren, damit du morgen nicht zum Wettbewerb kommen kannst!", glaubt auch Brux.

„Das ist so gemein", findet Nuls. „Das müssen wir erzählen."

Mimi denkt nach. „Eigentlich würde ich lieber gewinnen, weil ich eine gute Lehrerin bin", sagt sie. „Ich will zeigen, dass wir viel voneinander gelernt haben."

Die Kinder verstummen. Sie verstehen Mimi.
Doch sie sorgen sich, dass Furunkel gewinnen
könnte.

„Wisst ihr, was?", sagt Mimi plötzlich. „Wir
zaubern jetzt Hex-Glücksbringer. Für jeden von
euch. Dann kann morgen nichts schiefgehen.
Einverstanden?"

Die kleinen Hexen nicken.

„Wartet kurz, ich hole ein paar Kuscheltiere aus
meinem Schlafzimmer." Mimi verschwindet
durch eine Tür.

„Können wir nicht irgendetwas tun?", fragt Lore
die anderen leise. „Ich möchte, dass Mimi unsere
Lehrerin wird."

„Ja, vielleicht mogelt Furunkel morgen noch
mal", wispert auch Malla besorgt. „Wir sollten
uns wirklich etwas überlegen."

„Ich habe eine Idee", meint Nuls. „Hört mal …"
Er beugt sich vor und flüstert den anderen etwas
zu.

Als Mimi zurückkommt, sind die kleinen Hexen
beruhigt. Es tut gut, einen Plan zu haben.
Fröhlich nehmen sie die kleinen Kuscheltiere, die
Mimi ihnen reicht. „Also, ihr müsst Folgendes
machen", beginnt Mimi.

Mach mit!

Sieben Schritte, um ein Kuscheltier in einen Hex-Glücksbringer zu verwandeln

1

Das Tier mit beiden Händen halten und einmal sanft mit ihm im Kreis drehen

2

Zweimal gegen seine Stirn pusten

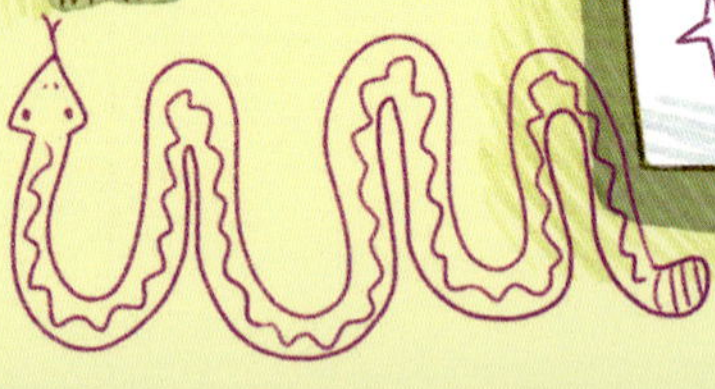

Zuletzt die magische Formel
sprechen:

„Als Hex-Glücksbringer ziehen wir
das Glück der Welt zu dir und mir.
Hexen-ho und hexen-hi,
das ist pure Glücksmagie."

Aufmerksam führen die Kinder alle Schritte nacheinander durch. Als sie die magische Formel sprechen, werden die Kuscheltiere in ihren Händen ganz warm. Die kleinen Hexen fühlen, wie stark die Tiere mit ihnen verbunden sind.

„Habt morgen früh unbedingt eure Glücksbringer dabei", sagt Mimi. „Und nun husch nach Hause mit euch, es ist ja schon dunkel!"

Rasch scheucht sie die kleinen Hexen hinaus und begleitet sie auf ihrem Besen nach Hause. Zuletzt fliegt auch Mimi zurück in ihr Baumhaus und kuschelt sich neben Nüssli.

„Hoffentlich geht alles gut", flüstert sie. „Ich möchte so gerne die Lehrerin dieser lieben kleinen Hexen werden."

... und manchmal braucht man kleine Hexen

Die kleinen Hexen sind sehr unruhig, als Mimi sie am nächsten Morgen vor der Hexenschule trifft. Zappelig führen sie Mimi und Nüssli in die Küche. Dort steht Furunkel schon mit den anderen Schulkindern. Die sehen nicht sehr glücklich aus, findet Mimi. Sie lächelt sie freundlich an. Sofort wirft Furunkel ihr einen finsteren Blick zu. Oberhexe Kadabra kommt mit zwei weiteren Hexen herein.

„Guten Morgen! Das hier sind Hagebutte und Zaubernuss. Wir freuen uns darauf, euch nun beim Backen zuzusehen", sagt sie. „Bitte, fangt an."

„Moment!", ruft Furunkel. „Was ist mit der
Schulprüfung?" Sie lächelt Mimi boshaft an.
„Kein Problem", sagt Mimi. Rasch rattert sie drei
Zungenbrecher hinunter. „Und mein neuer
Hexenname ist Funkenlibelle."
„Bravo!", ruft Hagebutte. „Der ist
wirklich entzückend."
Auch Kadabra nickt.
„Prüfung bestanden",
sagt sie.
Furunkel grummelt
mürrisch vor
sich hin. Dann
scheucht sie ihre
Hexenkinder an
die Tische. „Na los,
worauf wartet
ihr?", zischt sie.

Erschrocken beginnen die kleinen Hexen zu backen.

Mimi sieht ihre Hexen neugierig an. „Was ist, starten wir?", fragt sie.

„Gleich", sagt Malla und dreht sich zu den anderen. „Lore, hast du die Mutmach-Anleitung?"

Lore nickt. Sie zückt einen Zettel aus ihrer Jackentasche und liest leise vor:

Mut-Hexerei

Stehe fest und hexensicher,
lache leis' ein Hex-Gekicher,
heb den Kopf und strahle kräftig,
balle deine Fäuste heftig.
Räuspre dich dreimal und sprich:
Ich bin gut, das schaffe ich!
Spüre deine Hexenkraft
und im Nu hast du's geschafft!

Mach mit!

Hexe Mimi lauscht ihnen
erstaunt. Sie haben sich
allein einen
Mutmach-Spruch
herausgesucht, das ist
grandios! Stolz
beobachtet sie, wie die
Hexenkinder sicherer
werden. Sie sind bereit.

Mit den kleinen
Hex-Glücksbringern in den Schürzen fangen sie
an zu arbeiten. Nüssli sitzt auf Mimis Schultern
und drückt ihnen die Pfötchen.
Die Kinder haben beschlossen, Wolken-Muffins
zu backen. Deshalb ist Mimi bei Sonnenaufgang
mit ihnen zu den Wolken hinaufgeflogen, um ein
paar Bäusche abzuzupfen. Nun verrühren sie
nach und nach alle Zutaten miteinander.

Es dauert nicht lange, da glühen die Öfen auf beiden Seiten, und ein herrlicher Duft zieht durch die Schulküche.

Bald stehen die Gebäcke auf den Tischen. Auf Mimis Seite stapeln sich hübsche Muffins, die mit hellblauem Zuckerguss verziert sind. Sie scheinen ein wenig zu schweben – wie luftige Sommerwolken. Daneben stehen vier strahlende kleine Schulhexen.

Auf Furunkels Seite stehen mehrere große Backwerke: mehrstufige Torten, elegante Skulpturen aus Zucker, zerbrechliche Keksgebilde. Die Schulkinder lehnen sich erschöpft gegen die Tische.

Furunkels Augen glänzen siegessicher.

Die drei Hexen sind von Furunkels fantastischen
Ergebnissen mächtig beeindruckt.

„Oh, wie fein die Skulpturen gestaltet sind",
staunt Kadabra.

„Seht nur die traumhaften Torten", haucht
Zaubernuss.

„Und wie gut die Kekse duften", schwärmt Hagebutte. Sie will einen Keks nehmen, doch da zischt ein heller Funke durch die Luft.

„Nicht anfassen!", mahnt Furunkel. „Hier ist ein Tablett zum Probieren."

Ein wenig empört nimmt Hagebutte einen Keks vom Tablett und kostet. „Hm, ja, hervorragendes Backhandwerk", sagt sie dann. Auch Kadabra und Zaubernuss probieren und nicken. „Genau so sollen Kekse schmecken", stimmt Kadabra zu. „Knusprig, voller duftender Gewürze. Wie im Schulbuch. Lecker."

Als Nächstes probieren die drei die Wolken-Muffins. Neugierig beißen sie hinein.

„Mmh, so fluffig und zart, die zergehen auf der Zunge", sagt Kadabra. „Ein einfaches, aber köstliches Rezept, ich fühle mich richtig vergnügt."

Auch Hagebutte meint: „Solche Muffins wünscht man sich, wenn man nach einem langen Schultag heimkommt. Sie erfrischen Leib und Seele."

„So haben sie bei meiner Oma auch immer geschmeckt", haucht Zaubernuss. Gerührt sieht er die Kinder an.

Kadabra flüstert mit den beiden Hexen neben sich. Dann sagt sie laut: „Meine lieben Kinder, wir haben uns entschieden. Alle haben ihre Sache sehr gut gemacht und …"

„Halt, Oberhexe!", ruft Brux. „*Wir* haben noch gar nichts gesagt."

Kadabra sieht ihn verwundert an. „Was möchtest du denn sagen?"

Auch Furunkels Hexenkinder starren überrascht herüber. Dann macht einer von ihnen mutig einen Schritt nach vorn. „Nicht nur er, wir möchten auch etwas sagen", murmelt Per.

„Ja, aber … was denn nur?", fragt Hagebutte verwundert.

Malla räuspert sich. „Mimi ist eine tolle Lehrerin. Sie hat uns viel mehr beigebracht als das Backen. Manchmal geht etwas schief …" Sie kichert.

„Aber das ist lustig, und wir lernen daraus."

„Und wir durften auch mal selbst entscheiden!",
ruft Brux. „Sie hat uns sogar um Rat gefragt. Wir
möchten unbedingt Mimi als Lehrerin."
Furunkel schnauft empört.
Per wirft ihr einen ängstlichen Blick zu. „Wir
möchten auch Mimi als Lehrerin. Bei Furunkel
haben wir ständig Angst, etwas falsch zu
machen."
Kadabra sieht die Kinder lange an. Dann steckt
sie mit Hagebutte und Zaubernuss die Köpfe
zusammen. Sie flüstern, doch ein paar Worte
dringen hervor: „… gab es noch nie, dass Kinder
entscheiden … was sollen wir … guter Rat …"

Ein Mimi-magisches Ende

Schließlich hebt die Oberhexe den Kopf.

„Ich möchte mich bei euch bedanken", sagt sie und nickt zuerst Mimi und dann Furunkel zu. „Furunkel, du hast wirklich Erstaunliches mit den Kindern geschaffen. Aber es ist uns wichtig, dass die Hexen an dieser Schule mit Spaß lernen. Sie müssen nicht nach drei Tagen perfekt backen können. Sie sollen fröhlich sein und lernen, nach Fehlern zuversichtlich neu zu beginnen. Deshalb gratulieren wir dir, Mimi. Du bist unsere neue Hexenlehrerin."

„Hurra!" Die Kinder jubeln.

Furunkel schnaubt. Sie baut sich vor Mimi auf

und sieht sie zornig an. Kleine Blitze zucken um
sie herum, und die Luft scheint zu zittern.
„Du hast also wieder gewonnen", sagt sie
mit drohender Stimme. „Erst in
Grönland und jetzt hier. Du
denkst bestimmt, dass du die
größte Backhexe aller
Zeiten bist, wie? Aber da
täuschst du dich. Wir
sehen uns wieder!"
Wütend reißt sie
ihren Zauberstab
in die Luft und
murmelt leise vor
sich hin. Dabei eilt
sie mit großen
Schritten durch die
Schulküche.

Dann geht sie hinaus und schlägt die Tür hinter sich zu.

PENG!

Im gleichen Moment explodieren Furunkels Torten.

PENG!
PENG!

Bunte Sahne schleudert durch die Luft.

Kekse, Zuckerstangen, alles zerbirst mit lautem

Knallen. Die Kinder reißen erschrocken die

Augen auf.

Mimi bleibt ganz ruhig. Sie hebt ihren

Zauberstab und flüstert rasch ein paar Worte.

Da stoppen die Explosionen. Alle Zuckerkrümel

und Keksreste, die durch die Luft fliegen,

verwandeln sich in kleine,

schwebende

Wattebäusche.

„Das ist Zuckerwatte!", jubelt Nüssli und beginnt, wild herumzuspringen. Mit seinem kleinen Maul schnappt er dabei ein Bällchen nach dem anderen.

Die Hexenkinder machen es ihm sofort nach und fangen die Zuckerwatte ebenfalls mit ihren Mündern. Sogar Kadabra und Hagebutte erwischen ein paar und naschen sie. Zaubernuss dagegen räubert lieber die Reste der Torten auf dem Tisch. „Ich liebe Sahne", schmatzt er glücklich.

„Ich sehe schon, es wird an dieser Schule bald noch fröhlicher zugehen", sagt Kadabra schmunzelnd.

Und Mimi?

Mimi steht mitten im Chaos und lächelt. Sie nimmt Nüssli auf den Arm und flüstert: „Jetzt bin ich Lehrerin, Nüssli. Wie findest du das?"

„Herzlichen Hex-Wunsch", sagt Nüssli. „Darf ich dein Helfer sein?"

„Aber natürlich", antwortet Mimi. „Was wäre ich ohne meinen Hex-Glücksbringer? Ach, ich freue mich sehr darauf, das wird Mimi-magisch!"
Und dann tanzt sie mit den anderen durch die zuckersüßen Wattewölkchen.

Sandra Grimm schreibt seit vielen Jahren erfolgreich Bücher für kleine und größere Leser. Mittlerweile hat sie über sechshundert Bücher veröffentlicht, und in ihrem Kopf tummeln sich ständig neue lustige und spannende Geschichten. Sie lebt mit ihrer Familie in Norddeutschland.

Laura Bednarski studierte Design und Illustration an der Fachhochschule Münster und der HAW Hamburg. Heute arbeitet sie als freiberufliche Illustratorin und lebt mit ihrer Familie im Emsland.

Anna Ruhe / Max Meinzold
Maxi von Phlip

978-3-401-71328-1

Vorsicht, Wunschfee! (Bd. 1)

Bei Paula Goldenberg ist eine echte Wunschfee eingezogen – mit Glitzerstaub und Zauberkraft! Genial, oder? Na ja, fast ... Maximeralda Feodora Dilara Nima von Phlip, oder einfach Maxi, ist eine beurlaubte Fee mit eingeschränkten Zauberfähigkeiten. Erst wenn sie für Paula gute Taten vollbringt, kann sie eines Tages wieder eine echte Fee werden. Doch Maxi hat ganz eigene Vorstellungen davon, was gut für Paula ist. Stinknormale Tage sind ab jetzt superspannende Kopfstandtage. Langeweile, ade! Feenwirbel, hallo!

978-3-401-71329-8

Wunschfee vermisst! (Bd. 2)

Die beinahe waschechte Wunschfee Maxi von Phlip entdeckt im Trödelladen von Paulas Papa ein uraltes Modellschiff – genau in Feengröße! Und es kommt noch besser: Auf dem Segelschiff ist eine geheimnisvolle Truhe, die Maxi an die Feenwelt erinnert. Was verbirgt sich wohl darin? Plötzlich verschwindet Maxi spurlos. Und Paula muss die strengen Oberfeen um Hilfe bitten. Schließlich gilt es hier eine kleine Fee zu retten!

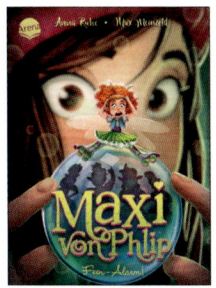

978-3-401-71582-7

Feen-Alarm! (Bd. 3)

Ach, du grüne Neune! Maxi von Phlip und Paula bekommen Besuch aus der Feenwelt. Plötzlich stehen sieben mächtig anstrengende Wunschfeen auf der Matte – echte kleine Streberinnen, die alles besser wissen. Allerdings verheimlichen die sieben, dass sie sich verbotenerweise in der Menschenwelt aufhalten. Und dann gerät Maxi bei den Oberfeen auch noch unter Verdacht, schuld an diesem Schlamassel zu sein! Da hilft nur noch eine Reise in die Feenwelt, die Maxi und Paula gemeinsam antreten.

Jeder Band: 112 Seiten • Gebunden • Mit farbigen Illustrationen von Max Meinzold • www.arena-verlag.de

Katja Frixe und Tine Schulz
Ich bin (d)ein Buch

Ich bin (d)ein Buch, hol mich hier raus! (1)

Oh, dieses Buch! Es tut ganz unauffällig. Aber aufgepasst: Seitdem es aufgetaucht ist, passieren seltsame Dinge in der Schule. Die Lehrer*innen trauen ihren Augen nicht. Manche glauben sogar, dass es spukt. Also lasst es bloß nicht raus ... Ben und die anderen Kinder haben aber plötzlich den lustigsten Unterricht der Welt: Das Buch hilft ihnen heimlich, macht ständig Quatsch und kann fast alles. Zum Beispiel i-Punkte in Lehrernasen schießen, in der Pause auf dem Schulhof Fußball spielen und sogar die Affenkinder im Zoo austricksen.

Ich bin (d)ein Buch, pack mich aus! (2)

Achtung: Dieses Buch macht süchtig – lesen-lern-süchtig! Sobald es ausgepackt ist, steht alles Kopf: Spuk am Frühstückstisch, Aufruhr im Bücherregal (seitdem ist der dicke Schinken beleidigt), eine lesesüchtige Spinne ... und Emma mittendrin. Emma ist neu in der Klasse, und eigentlich geht sie nicht so gern zur Schule. Aber das Buch kann nicht nur spuken, sondern auch helfen ...

160 Seiten • Gebunden
ISBN 978-3-401-71682-4

160 Seiten • Gebunden
ISBN 978-3-401-71683-1
www.arena-verlag.de